Inhalt

Geschäfte mit Schattenbanken - worauf kommt es an?

Kernthesen

Beitrag

Fallbeispiele

Weiterführende Literatur

Impressum

Geschäfte mit Schattenbanken - worauf kommt es an?

Gerhard Dengl

Kernthesen

- Schattenbanken sind Institutionen, die an Finanzgeschäften teilnehmen, die aber nicht oder kaum staatlich reguliert sind. Zu den bekanntesten Vertretern gehören Hedge Fonds, Geldmarktfonds oder Private-Equity-Häuser.
- Weil sie keinen strengen Regeln unterliegen, wandert viel Kapital in ihre Portfolien, das sie teilweise für riskante Geschäfte verwenden. Daher wird oft vermutet, dass sie die Stabilität des Finanzsystems gefährden.
- Faktisch gibt es aber kaum Anhaltspunkte

dafür, dass dem wirklich so ist. Stattdessen erfüllen die Schattenbanken mehrere wichtige Aufgaben für das Finanzsystem, die nicht ohne Weiteres ersetzt werden können.

Beitrag

Das schlechte Image der Schattenbanken

Die Politik scheint wieder einmal einen Sündenbock für die Finanzkrise gefunden zu haben: die so genannten Schattenbanken. Unter diesem nebulösen Begriff werden verschiedene Unternehmen zusammengefasst, die zwar Finanzgeschäfte betreiben, aber (noch) nicht oder kaum der Regulierung durch die Bankenaufsicht unterliegen. Dazu zählen vor allem Hedge Fonds, Geldmarktfonds, Private-Equity-Häuser und Zweckgesellschaften (zum Beispiel für Verbriefungstransaktionen). Gemeint sind zudem alle Aktivitäten von Nicht-Banken, die auf die Vergabe oder Absicherung von Krediten zielen. Schattenbanken agieren teilweise wie Banken, benötigen aber keine Banklizenz und sind deshalb von Eigenkapitalvorschriften und Auskunftspflichten befreit. Das Volumen, das von Schattenbanken bewegt wird, wächst rasant. Der internationale Finanzstabilitätsrat schätzt, dass es sich 2010 um bis zu 60 Billionen Dollar handelte, und damit etwa 25 bis 30 Prozent des globalen Finanzsystems. (1), (5), (8)

Woher kommen Schattenbanken?

Ganz gleich, ob es sich um einen Hedge Fonds, eine Zweckgesellschaft oder ein Private-Equity-Haus handelt - Institutionen, die außerhalb der Regulierung operieren, sind zum Teil auch politisch gewollt, weil sie für ihre Kunden eine höhere Rendite erwirtschaften können oder eine günstigere Finanzierung ermöglichen. Es ist sicher richtig, dass der Großteil der Finanzmarktakteure überwacht werden sollte. Daneben wird es immer Platz geben für Unternehmen, die hochspezialisiert sind und jenseits der Regulierung operieren. Sie weisen natürlich ein anderes Risiko-Rendite-Profil auf als regulierte Institutionen, aber sie erfüllen auch wichtige Aufgaben. Einerseits haben die meisten Finanzinnovationen ihren Ursprung in dieser Grauzone, andererseits gibt es - gerade von professionellen Investoren - definitiv eine Nachfrage nach riskanten Anlageformen. Schattenbanken sind also sowohl von der Politik als auch von Investoren gewollt. Solange man sich ihrer Risiken bewusst ist, können sie einen wertvollen Beitrag zur Finanzmarktstabilität leisten. (10)

Wichtige Aufgaben der Schattenbanken

Bei allen öffentlichen Warnrufen nach einer stärkeren Regulierung von Schattenbanken sollte nicht vergessen werden, wie stark die regulierten Banken und auch institutionelle Anleger von ihnen abhängig sind. Hohe Renditen sind im normalen Bankgeschäft nicht zu erzielen. Daher liegt es auf der Hand, dass Unternehmensführer auf die Dienstleistungen von Schattenbanken zurückgreifen müssen, wollen sie die Erwartungen ihrer Aktionäre erfüllen. Solange das Geschäft von Profis gemacht wird, die sich des Risikos bewusst sind, geht auch keine Gefahr für die Allgemeinheit aus. (6)

Dazu kommt noch ein Aspekt, der gerade in der aktuellen Diskussion um Bankenrettungen von Bedeutung ist: Wenn eine Schattenbank in die Pleite geht, dann muss sie nicht von Staat und Steuerzahler gerettet werden. (4)

Die Rolle von Cash Pools

Aus Diversifikationsgründen legen gerade international operierende Cash Pools ihre kurzfristigen Liquiditätsüberschüsse nicht ausschließlich in Form von Bankeinlagen an, sondern versuchen marktbasierte kurzfristige Anlageformen wie zum Beispiel Geldmarktfonds zu nutzen. Die Nachfrage der Cash Pools nach kurzfristigen Anlagemöglichkeiten stellt zugleich eine attraktive Refinanzierungsmöglichkeit für die sonstigen Finanzintermediäre (z. B. Zweckgesellschaften) dar. (9)

Trends

Was passiert, wenn die Möglichkeiten von Schattenbanken beschnitten werden?

Wenn die Regulierung für Schattenbanken verschärft wird, so wie es aktuell von der Aufsicht geplant ist, dann werden sie aus dem Markt gedrängt. Dies würde zunächst dazu führen, dass die Liquidität für eine Reihe von Finanzprodukten deutlich absinkt. Vor allem Unternehmensanleihen werden betroffen sein.

Sinkt die Liquidität, dann steigen automatisch die Zinsen. Aus Unternehmenssicht heißt das auf jeden Fall höhere Refinanzierungskosten. Dieser Zusammenhang wird aus einer aktuellen Studie ersichtlich, die sich hauptsächlich mit der Beschränkung des Eigenhandels der Banken beschäftigt. Die Argumentationskette gilt aber analog auch für Schattenbanken. (3)

Risikoverlagerung von der Aufsicht unabsichtlich gefördert

Ironischerweise werden die Bemühungen der Aufsicht, den Einfluss der Schattenbanken zu verringern, dadurch konterkariert, dass die Regeln für bereits regulierte Institute verschärft werden. Als logische Folge davon werden immer größere Kapitalvolumina in den Bereich der Schattenbanken abwandern. Um die strengeren Eigenkapitalanforderungen der Bankenaufsicht zu erfüllen, lagern Banken Kreditrisiken aus. Sie bilden diese mittels komplexer Derivate nach und verkaufen sie dann mit Abschlägen an unregulierte Investoren. (7)

Fallbeispiele

Geldmarktfonds

Geldmarktfonds erfüllen für Investoren die zentrale Aufgabe, dass kurzfristig Vermögen bei ihnen geparkt werden kann. Sie gelten daneben als wichtige Refinanzierungsquelle für Staaten und Kreditinstitute. Obwohl sie zu den Schattenbanken zählen, kann ihre Funktion nicht ohne Weiteres ersetzt werden. Dabei ist ihre Bedeutung von Land zu Land unterschiedlich und hängt hauptsächlich von den Gewohnheiten der Investoren ab. So kommen in Deutschland auf 1 900 Kreditinstitute nur 50 Geldmarktfonds, während beispielsweise in Frankreich auf 650 Kreditinstitute schon 500 Fonds kommen, und in Luxemburg die Anzahl der Fonds mit 400 schon weit höher ist als die Anzahl der Banken mit 150. (10)

Private-Equity-Häuser sehen ihre Chance als Schattenbanken

Während sich der Ausleseprozess von Private-Equity-Häusern in Europa beschleunigt und auch größere Häuser austrocknet, überlegen sich US-amerikanische Vermögensverwalter, wie sie ihre Chancen als Schattenbanken in Deutschland nutzen können; sie konzentrieren sich auf die Assets von

Banken, von denen sich diese aufgrund der Eigenkapitalvorschriften trennen müssen. (2)

Weiterführende Literatur

(1) Fesseln für Banken
aus Der Spiegel, 31.10.2011, Nr. 44, Seite 19

(2) Private Equity in der Flaute Windstille in Europa, Wasser unterm Kiel in Amerika - Portfolios gefüllt, Verkäufe stocken - Markt steht und fällt mit Fremdfinanzierung - Chance als Schattenbanken
aus Börsen-Zeitung, 22.12.2011, Nummer 247, Seite 11

(3) US-Bankenlobby attackiert Eigenhandelsverbot Neue Auftragsstudie zeigt die angeblichen Nachteile für Geldhäuser und Investoren auf // Warnung vor Verlusten
aus Financial Times Deutschland vom 04.01.2012, Seite 17

(4) Wenn die Bazooka ruft
aus Der Spiegel, 09.01.2012, Nr. 2, Seite 52

(5) EU will härtere Kontrolle von Schattenbanken Kommissar Barnier warnt vor unregulierten Geschäften
aus Financial Times Deutschland vom 14.02.2012, Seite 1

(6) Ans Licht gezerrt Hedge-Fonds und

Beteiligungsgesellschaften sollen endlich strenger kontrolliert werden. Doch der Teufel steckt im Detail: Zu unklar sind noch immer die Verbindungen zwischen Schattenbanken und den klassischen Geldhäusern
aus Financial Times Deutschland vom 14.02.2012, Seite 16

(7) Kein Zurück zu alten Zeiten
aus WirtschaftsWoche NR. 006 vom 06.02.2012 Seite 044

(8) Schattenbanken - Finanzjongleure verschieben schon wieder Milliardensummen
aus GENIOS BranchenWissen Nr. 10 vom 25.10.2011

(9) Cash Pooling - eine clevere Alternative der Innenfinanzierung
aus GENIOS WirtschaftsWissen Nr. 02 vom 10.02.2012

(10) Die Zahl der Finanzinstitute in der EU schrumpft
EZB: Binnen Jahresfrist 3 Prozent weniger Banken und Geldmarktfonds - Kräftige Erosion seit 1999
aus Börsen-Zeitung, 17.01.2012, Nummer 11, Seite 5

Impressum

Geschäfte mit Schattenbanken - worauf kommt es an?

Bibliografische Information der deutschen Nationalbibliothek

Die Deutsche Nationalbibliothek verzeichnet diese Publikation in der deutschen Nationalbibliografie; detaillierte bibliografische Daten sind im Internet über http://dnb.d-nb.de abrufbar.

ISBN: 978-3-7379-0517-6

© 2015 GBI-Genios Deutsche Wirtschaftsdatenbank GmbH, Freischützstraße 96, 81927 München, www.genios.de

Alle Rechte vorbehalten. Dieses Werk ist einschließlich aller seiner Teile – z.B. Texte, Tabellen und Grafiken - urheberrechtlich geschützt. Jede Verwertung außerhalb der Grenzen des Urheberrechtsgesetzes bedarf der vorherigen Zustimmung des Verlags. Dies gilt insbesondere auch für auszugsweise Nachdrucke, fotomechanische Vervielfältigungen (Fotokopie/Mikroskopie), Übersetzungen, Auswertungen durch Datenbanken oder ähnliche Einrichtungen und die Einspeicherung und Verarbeitung in elektronischen Systemen.